AF242899

DEUX NOTES

SUR

LES · PÉTITIONS

PRÉSENTÉES A LA CHAMBRE DES DÉPUTÉS

POUR

L'ABOLITION DE L'ESCLAVAGE,

PAR M. DEJEAN DE LA BATIE.

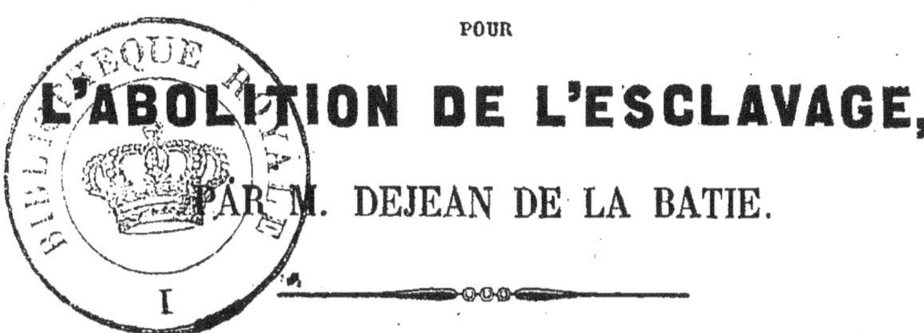

Première Note

Sur les considérations développées dans les pétitions relatives à l'abolition de l'esclavage dans les colonies françaises.

Les motifs sur lesquels les pétitionnaires appuyent leurs conclusions en faveur d'une émancipation immédiate ou peu éloignée se résument ainsi :

1° Il n'y a point à compter sur le succès du régime fondé par la loi du 18 juillet 1845 : la question n'a pas fait un pas depuis la promulgation de cette loi;

2° Le concours des colons a manqué au gouvernement, et leur mauvaise volonté paralyse ses intentions;

3° Les colons s'opposent à l'instruction religieuse des esclaves.

1847

Ces motifs des pétitionnaires ne résistent pas à un examen sérieux.

Personne n'a dû s'attendre que la loi du 18 juillet 1845 pût avoir des résultats immédiats. Les rachats doivent se faire au moyen de pécule. Il y aurait lieu de s'étonner que la loi eût déjà produit des effets appréciables, si l'on avait dû les attendre exclusivement des pécules accumulés depuis sa promulgation. Ce pécule, qui se compose de l'excédant des fruits d'un petit champ cultivé le samedi, du salaire de quelques heures de travail volontaire, et des gratifications ou tolérances du maître, ne peut évidemment former un capital suffisant au rachat de l'esclave qu'après plusieurs années d'une économie soutenue : ce n'est donc pas douze ou quinze mois après la promulgation, dans les colonies, de la loi du rachat forcé, qu'on peut dire que la question *n'a pas avancé d'un pas.*

Un tel reproche manque de logique.

Il manque aussi d'exactitude.

Le compe-rendu par le ministère de la marine sur l'exécution des lois du 18 et du 19 juillet 1845 nous apprend que déjà, indépendamment des affranchissements volontaires, il y a eu dans les colonies, Bourbon (1) excepté,

---

(1) A Bourbon, le compte-rendu ne constate que 3 rachats. Un document que j'ai remis à la commission en constate 29 du 10 janvier 1846, jour de la promulgation de la loi, au 9 novembre suivant.

454 rachats par arrangement de gré à gré entre les maîtres et les esclaves,

251 rachats forcés.

705 rachats en tout (page 25 du compte-rendu).

L'assertion des pétitionnaires est donc démentie par le compte-rendu, comme leur reproche est condamné par la raison.

Les autres motifs de la pétition ne sont ni plus justes ni mieux fondés.

Bien loin de repousser l'instruction religieuse, les colons l'appellent de tous leurs vœux. Ils ont eu souvent occasion de faire des objections à des mesures dites d'amélioration ; celle-ci a eu toujours leur entière approbation. Ce n'est pas leur faute si le personnel du clergé ne répond pas à tous leurs besoins. Ils souffrent autant que leurs esclaves de son exiguïté, de son insuffisance ; ils ont souvent fait, pour la construction des chapelles et pour la conservation de leurs prêtres, des sacrifices particuliers qu'on n'était pas en droit d'exiger d'eux.

Quant au concours des colons qui manquerait au gouvernement, au dire des pétitionnaires, le compte-rendu prouve le contraire.

S'il s'agit de la population, on ne voit pas comment la résistance pourrait se tranformer en grief public contre elle, puisque l'hostilité que rencontre l'exécution des lois dans le mécontentement des administrés, si elle constitue une contravention, peut et doit être légalement réprimée, et qu'elle est innocente dans tout autre cas. Quelle est la loi fiscale, politique ou industrielle, qui ne soulève pas contre elle, en France, les intérêts qu'elle froisse ? Est-il permis de s'en faire une arme contre les populations, en dehors des moyens légaux et réguliers de répression ? peut-on y puiser contre elle un motif pour aggraver la législation qui les contrarie ? N'est-ce pas une exigence passionnée et inacceptable que de vouloir donner ainsi des conséquences générales à des résistances individuelles que la loi punit ?

En principe, ce motif de la pétition est donc sans valeur, si même il n'est pas empreint d'un caractère odieux.

En fait, il est une erreur nouvelle des pétitionnaires. Le compte-rendu atteste partout le bon esprit des colons ; et comme c'est par des actes, plutôt que par des raisonnements, que je veux les justifier, j'appellerai principalement l'attention de la Chambre sur le témoignage officiel du compte-rendu en ce qui concerne le concours des colons au rachat forcé. De toutes les dispositions de la loi, le rachat forcé est celle qui compromet le plus les intérêts et blesse le plus les sentiments coloniaux, puisqu'elle expose les propriétaires à la dépopulation de leurs ateliers, et les dépouille, aux yeux de l'esclave, du prix de leur bienveillance et de leur générosité.

Eh bien ! le compte-rendu constate àcet égard la facilité et la libéralité des maîtres.

Sur 705 rachats, 454 ont eu lieu de gré à gré. (Page 25.)

Dans la plupart des rachats qui ont été précédés d'une estimation de la commission, les maîtres ont refusé de fixer un prix. (Page 258.)

Après l'estimation de la commission plusieurs esclaves obtiennent de leur maître, soit une diminution de prix , soit des termes pour le paiement. (Page 258.)

A la Martinique seulement, sur une somme totale de 286,673 fr. 70 c., montant du prix des rachats, les maîtres ont fait, après estimation, remise volontaire à leurs esclaves de 60,657 fr. 60 c., 25 pour cent ! (Page 21.)

Voilà comment les pétitionnaires sont vrais dans leurs imputations.

En dehors des cas de rachats forcés ou amiables, la bienveillance et la sollicitude des maîtres pour le pécule et pour la personne des esclaves n'est pas moins facile à déduire du compte-rendu, puisqu'on y lit qu'il *n'y a point eu lieu jusqu'à présent de recourir à la faculté qui est ouverte aux juges royaux de nommer aux esclaves des curateurs autres que leurs maîtres eux-mêmes.*

Ainsi le concours particulier des colons n'a point manqué à la loi.

Voyons si c'est le concours des pouvoirs publics, et en particulier des conseils coloniaux.

En ceci même le reproche serait frivole, s'il n'é-tait injuste : car, si le concours des pouvoirs publics manquait à l'exécution de la loi du 18 juillet 1845, un tel obstacle ne saurait motiver une loi plus radicale qui aurait à réclamer de ces pouvoirs un concours plus nécessaire à son exécution, et qui les trouverait encore moins disposés à le donner.

Mais le reproche n'est pas seulement injuste, il est perfide. Puissent les hommes graves à qui tous les jours des pétitions sont présentées reconnaître qu'il n'est pas de leur sagesse d'accepter des rédactions qu'on ne les a pas appelés à discuter, pour ne voir dans une pétition que le but honorable et ostensible contenu dans le titre !

Je dis d'abord que le reproche est injuste.

Quels sont donc les pouvoirs publics appelés dans les colonies à l'exécution des lois ? Le gouverneur, la magistrature, les chefs d'administration, le clergé, d'une part ; d'autre part, les municipalités et les conseils coloniaux. Les premiers sont des pouvoirs institués par la métropole ; nous n'avons point à les justifier ; probablement ce ne sont pas eux que les pétitionnaires accusent. Restent les municipalités et les conseils coloniaux. Ces derniers seuls pourraient, par leur inertie, paralyser en partie l'action de la loi. L'ont-ils fait ? C'est ce qu'il s'agit d'examiner.

Les conseils coloniaux n'interviennent dans l'exécution de la loi du 18 juillet 1845 que de deux manières :

D'abord, par la présence d'un de leurs membres dans la commission chargée de faire les estimations à fin de rachat.

Tous se sont acquittés de ce devoir. Nulle plainte à cet égard n'est parvenue au gouvernement, ou ne se trouve consignée dans le compte-rendu. Si l'on veut savoir dans quel esprit le conseiller colonial, membre de cette commission, a concouru à l'estimation, on peut s'en assurer par la lecture de la note que j'ai communiquée à la commission des pétitions, et qui est reproduite ci-après. Ce document n'est relatif qu'à l'île Bourbon ; mais les faits, plus concluants que les paroles, prouvent qu'aux Antilles et à la Guyane, l'équité n'a pas eu des organes moins éclairés et moins sincères.

Les conseils coloniaux sont ensuite plus directement appelés à concourir à l'exécution de la loi de 1845, par des décrets, dans cinq cas seulement :

1° Dans les cas de mariage entre les personnes non libres appartenant à des maîtres différents ;

2° Pour la distribution à chaque nègre ou négresse d'une petite portion de l'habitation ;

3° Pour fixer la durée respective des deux parties du temps de travail séparées par un intervalle de deux heures et demie ;

4° Pour déterminer les époques de travail extraordinaire de jour et de nuit ;

5° Enfin pour fixer le minimum du salaire qui pourra être convenu entre le maître et l'esclave pour l'emploi des heures et des jours pendant lesquels le travail n'est pas obligatoire.

Le compte-rendu, depuis la page 193 jusqu'à la page 234, mentionne les projets de décrets présentés aux conseils coloniaux et les décrets votés par ces conseils. Nous ne voyons pas qu'il y ait eu aucun projet proposé pour les mariages, et l'on sait que les conseils coloniaux n'ont pas d'initiative ; nous ne voyons pas non plus qu'il y ait eu refus de concours sur les autres matières : chaque projet est suivi du décret voté, et si le contingent législatif de l'île Bourbon manque à cette collection de décrets, le compte-rendu explique cette absence, à la page 18, par l'éloignement de cette colonie, et par une dissolution du conseil, suivie, à quelques mois d'intervalle, d'élections et d'une convocation nouvelles. L'inertie du conseil dans cet intervalle a tenu à des divisions entièrement étrangères à la loi du 18 juillet 1845, à des antipathies purement personnelles, quoi qu'en aient dit certains journaux mal informés, et non à une dissidence quelconque sur l'exécution de la loi nouvelle. C'est ce que démontrent suffisamment et les procès-verbaux du conseil colonial lors de l'élection des délégués, et les discours d'ouverture du gouverneur lors de la constitution et de la reconstitution du conseil colonial dans la même année 1846, et l'adresse des deux conseils en réponse à ces discours. D'une part, le gouverneur se loue de la sagesse et du bon esprit du conseil dissous, et attend les mêmes dispositions du nouveau conseil; d'autre part, celui-ci promet, comme son prédécesseur, un franc et loyal concours à l'exécution de la loi du 18 juillet 1845.

N'est-il pas étrange, qu'après tant de témoignages réunis en faveur du bon esprit qui anime les conseils coloniaux, les pétitionnaires motivent leur demande d'abolition immédiate de l'esclavage sur le refus de concours des colons et de leurs représentants! La Chambre appréciera ce qu'il y a d'odieux et ce qu'il y aurait de décourageant pour les colons dans une pareille injustice.

Serait-il vrai que les décrets votés par les conseils coloniaux ont été préalablement amendés dans un sens contraire à l'esprit ou à la lettre de la loi?

La perfidie que nous reprochons aux rédacteurs des pétitions consiste à le faire supposer, afin d'avoir une occasion de faire retirer aux conseils coloniaux la part d'attribution que la loi du 18 juillet leur a donnée dans des questions locales de leur compétence exclusive; ils comptent, pour arriver à leurs fins, sur l'appui des bureaux de la marine, sur lesquels ils espèrent pouvoir exercer leur

secrète tyrannie, et qu'ils supposent toujours disposés à ressaisir un pouvoir absolu sur les colonies. Je ne veux point accuser ici un pouvoir que
cette supposition outrage; il doit me suffire de
justifier les colons ou leurs représentants de l'é-
cart involontaire ou prémédité que les pétitions
leur attribuent. Cette justification est facile. Le
conseil des délégués a demandé au ministre, par
lettre officielle en date du........, de vouloir bien
leur faire connaître les objections qu'il pourrait
avoir à faire aux amendements votés sur ses projets de décrets pa les conseils coloniaux; cette
lettre, dont l'esprit conciliateur est manifeste, est
demeurée sans réponse. Le silence du ministre
ne permet pas de supposer que les amendements
des conseils coloniaux aient été interprétés par
lui dans le sens d'un refus de concours : car alors
il n'aurait pu , sans manquer à ses devoirs , refuser une communication et des explications propres à concilier les esprits. Si donc les décrets
votés par les conseils ont été envoyés au gouverneur sans la sanction royale, ce doit être moins
pour faire retirer des amendements contraires à
l'esprit de la loi que pour ajouter au projet primi-
tif des dispositions importantes que l'initiative mi-
nistérielle aurait d'abord oubliées.

Quoi qu'il en soit, aucun grief n'a été formulé
par le ministre ; et pour accuser dans un sens ou
dans un autre les conseils coloniaux d'un refus

de concours, il serait juste d'attendre les plaintes du pouvoir à qui ce concours aurait manqué.

Les pétitions pour l'abolition de l'esclavage reposent donc sur des motifs dépourvus de logique et d'exactitude.

Elles accusent les colons d'un refus de concours, quand un concours franc et loyal a été promis par tous les conseils coloniaux, et réalisé dans des décrets que les gouverneurs des colonies ont approuvés et recommandés à la sanction royale.

Elles accusent les colons de repousser l'instruction religieuse, quand ils ont fait et font tous les jours pour l'instruction religieuse des sacrifices qu'on n'est pas en droit d'exiger d'eux.

Elles accusent les colons de s'opposer aux effets du nouveau régime constitué par la loi du 18 juillet 1845, lorsque les arrangements de gré à gré et l'abandon de 25 p. 100 sur les estimations officielles ont facilité l'exécution de cette loi dans ses dispositions les plus redoutées, celles du rachat forcé.

Des pétitions ainsi motivées, quand elles seraient irréprochables sous le rapport de l'intention, inoffensives dans leurs résultats, n'en seraient pas moins sans fondement, et par conséquent peu dignes, malgré leur objet spécieux, de l'honneur d'une discussion dans la Chambre des députés.

COMPTE-RENDU AU CONSEIL COLONIAL

Par M. Elie PAJOT,

Au sujet des actes auxquels il a participé comme membre de la Commission du rachat et des engagements.

Dans sa séance du 30 décembre dernier, le Conseil colonial m'a nommé pour faire partie de la Commission du rachat et des engagements des esclaves instituée par la loi du 18 juillet 1845.

J'ai pensé, Messieurs, que ce n'était point par de simples paroles que je devais vous témoigner combien je sentais vivement la marque de confiance que vous me donniez, et j'ai cru que le mode de manifestation qui vous agréerait le plus serait d'abord le strict et consciencieux accomplissement d'un devoir, et ensuite la présentation du compte fidèle et entier des mesures auxquelles j'ai pris part.

C'est ce compte que je vous apporte aujourd'hui. Il s'offrira probablement à vos yeux comme le résumé des travaux collectifs de la Commission; mais, si l'ordre et la clarté exigent qu'il en soit ainsi, vous voudrez bien réserver les principes et ne pas oublier que je n'ai droit de vous soumettre que les actes du membre de votre élection.

Diverses circonstances, parmi lesquelles il faut ranger en première ligne la longue maladie et enfin la mort du président de la

Cour royale, n'ont pas permis à la Commission de se constituer avant le 27 mai de cette année ; elle a eu alors à vider l'arriéré : aussi le travail que je vous soumets embrasse-t-il effectivement toutes les affaires qui se sont présentées depuis le 10 janvier, jour de la promulgation de la loi du 18 juillet 1845, jusqu'au 9 novembre, jour indiqué pour l'ouverture de la seconde session du Conseil.

La première demande en rachat qui a été formée n'est pas arrivée devant la Commission. La négresse qu'elle concernait s'est désistée au bout de quelques jours.

La Commission a été saisie de vingt affaires. Elle a rendu quarante décisions, dont vingt-trois préparatoires et d'instruction, deux d'incompétence, et quinze de fond et définitives.

Les décisions préparatoires ont tendu le plus souvent à la comparution des parties. Quoique la loi autorise les évaluations sur pièces, il a semblé à peu près impossible d'estimer les individus sans les voir ; dans une seule occasion, la Commission s'est départie de cette règle, et ç'a été parce que la cause se présentait avec un caractère tout d'expédient.

Deux fois l'instruction ordonnée par la Commission a apporté la preuve que les parties étaient d'accord. Il en est résulté des décisions d'incompétence.

Dans une autre circonstance, une première instruction ordonnée par la Commission sur la qualité des parties ne l'ayant point satisfaite, elle a réclamé de nouvelles investigations, à la suite desquelles le ministère public a demandé la suspension de l'affaire, parce que l'individu qu'il s'agissait de racheter était, selon toutes les apparences, de condition libre.

Une seconde affaire est également restée suspendue, mais par un motif tout différent : l'esclave qu'elle concernait s'étant évadé de chez son maître, sans qu'on sût où il s'était retiré, on n'a pas pu lui signifier la décision de la Commission qui ordonnait sa comparution. A part les deux cas dont il s'agit, et un troisième encore où les parties se sont arrangées pendant le cours de l'instance, la Commission a prononcé sur toutes les demandes qui lui sont arrivées.

Les diverses communes de l'île se sont partagé d'une manière très inégale les demandes en rachat. La partie sous le vent n'en a fourni que trois, dont deux venaient de Saint-Louis et une de Saint-Paul ; aucune des trois ne présentait même le caractère d'un débat bien sérieux.

Dans la partie du vent, la répartition des affaires s'est faite comme il suit : Saint-André, deux ; Sainte-Suzanne, trois ; Saint-Denis, cinq, et Saint-Benoît, sept. Il n'y a, ce me semble, aucune conclusion à tirer de ces chiffres, car ils se rapportent seulement aux rachats contestés, et n'apprennent rien sur les rachats proposés et agréés. Il y a plus : les décisions que la Commission a eu à rendre n'ont pas toujours été la preuve d'un dissentiment réel entre le maître et l'esclave. Sur quinze décisions au fond, cinq ont été nécessitées par la position spéciale des parties. Les tuteurs, les mandataires, les usufruitiers, le curateur aux biens vacants, les héritiers sous bénéfice d'inventaire, sont venus devant la Commission moins pour contester sur le prix que pour abriter leur responsabilité.

Les vingt affaires dont la Commission a eu à s'occuper embrassent un total de vingt-neuf individus, dont quinze hommes et quatorze femmes, seize adultes et treize enfants. Sous le rapport des castes, on trouve vingt-cinq créoles, deux Malgaches, un Cafre et un Indien. Ces nombres ne gardent aucune proportion avec les éléments correspondants de la population esclave : ainsi, quoique les Cafres dans la colonie soient presque aussi nombreux que les créoles, on voit à quelle distance ils se tiennent de ceux-ci, dès qu'il s'agit d'opérer dans un but de liberté.

Il a été rendu, comme j'ai déjà eu l'honneur de vous le dire, quinze décisions au fond ; elles intéressaient vingt-trois individus ; parmi ceux-ci il s'en trouve deux à l'égard desquels l'estimation n'a été qu'éventuelle. Je m'explique : une mère, en demandant à se racheter elle-même, voulait laisser en esclavage deux de ses enfants âgés de moins de sept ans. Le maître, au contraire, exigeait que les enfants fussent compris dans le rachat, alléguant que l'arrêté complémentaire au Code civil du 1er brumaire an XIV dispose qu'en cas de vente volontaire ou forcée, si une mère est séparée de ses enfants âgés de moins de sept ans, ceux-ci, par une sorte de pénalité contre le vendeur, sont réunis à la mère sans augmentation de prix. On déduisait de ce texte l'obligation de comprendre la mère et tous ses enfants en bas âge dans la même demande en rachat, et par suite de les soumettre tous ensemble à la formalité de l'évaluation.

C'était là sans contredit un véritable litige, dont la solution se rattachait à une question de droit, et sortait complétement des attributions de la Commission. Celle-ci l'a très explicitement reconnu ; mais elle a pensé qu'il n'y aurait pas d'inconvénient à évaluer sans autre retard tous les enfants, sauf à la mère, dont les droits ont été expressément réservés, à n'exercer effectivement le rachat que dans les limites à déterminer ultérieurement par la juridiction compétente.

La presque-totalité des adultes soumis à l'estimation étaient des esclaves d'un grand prix. Un seul pouvait être classé parmi les manœuvres. Tous les autres exerçaient des professions lucratives.

Je ne sais, Messieurs, jusqu'à quel point mes conjectures peuvent être fondées ; mais il m'a semblé que, toutes les fois qu'il y a un débat réel et sérieux entre le maître et l'esclave, la cause de ce débat provenait surtout de la difficulté que le maître éprouvait à se faire à l'idée d'une séparation qui allait rompre les habitudes de sa domesticité. Aussi les ouvriers proprement dits, quels que fussent d'ailleurs leurs talents, ont-ils éprouvé moins de résistance au rachat que les esclaves attachés au service personnel. La question du prix à recevoir, quoique prééminente en apparence, n'a été bien souvent dans la réalité que tout à fait secondaire. Ne pouvant, en droit, s'opposer au rachat, on essayait de le rendre impossible en fait. Alors l'exagération des prétentions masquait une attaque au principe même de la loi du 18 juillet. Il est inutile de vous dire, Messieurs, que la Commission a toujours fait justice de ce moyen détourné, dont l'adoption eût été, selon moi, aussi imprudente sous le rapport politique que condamnable aux yeux de la conscience.

Il n'entrait pas dans les attributions de la Commission de rechercher l'origine des fonds offerts pour le rachat. Toutefois l'instruction a révélé spontanément, et avec un degré de certitude qui peut

paraître suffisant, que quatre seulement des esclaves qui se rache-
taient avaient fait, par leur travail et leur économie, le prix qu'ils
offraient. Assez souvent des parents déjà libres fournissaient l'ar-
gent ; plus rarement c'étaient des tiers désintéressés ; d'autres fois,
quand il s'agissait de femmes, les deniers n'avaient point une origine qui pût être avouée par la morale.

On n'a eu à relever qu'un seul cas d'embauchage parfaitement
caractérisé, car on ne peut qualifier d'embauchage la simple
avance de fonds faite à l'esclave sans aucune pensée de spéculation
et sans aucune intention de transférer le travail d'un atelier dans
un autre.

Les cas où les prétentions de l'une ou de l'autre des parties se
sont vues accueillies purement et simplement ont été peu nombreux. L'offre n'a été validée que dans trois espèces, et la demande que dans deux seulement. Pour tout le reste, la Commission a eu à ramener dans les limites du vrai des exagérations op-
posées : diminutives chez l'esclave, amplificatives chez le maître.
Voici, du reste, des chiffres totalisés qui font connaître, ce me semble, avec assez de précision, la lutte des intérêts devant la Commission et l'action régulatrice de celle-ci.

Dans les quinze affaires qui ont reçu des solutions définitives, et
qui comprenaient 23 individus de tout âge, les offres de prix ne
se sont élevées qu'à 22,000 francs, tandis que les demandes des
maîtres atteignaient le chiffre de 52,600 francs. Les évaluations de
la Commission se sont arrêtées à 38,750 francs, ce qui représente
une moyenne de 1,684 fr. 77 c. par individu. Cette moyenne est in-
férieure à celle que donnent les ventes effectuées dans les années
1843, 1844 et 1845. J'ai fait dans les études des notaires de Saint-
Denis un relevé dont le résultat a été que pendant les trois années
susdites les noirs ont valu, prix balancé, 2,375 francs l'un. Mais
il ne faut pas oublier que depuis lors, et peut-être par le fait même
de la loi du 18 juillet, le prix des esclaves a fléchi. Il faut aussi
prendre en considération les termes qui, dans les ventes amiables,
ont pu être accordés pour le paiement. Au demeurant, Messieurs,
il a été, et vous le concevez aisément, impossible d'adopter une
règle unique et inflexible dans les évaluations à opérer. La Com-

mission, en prenant pour point de ralliement la valeur des esclaves dans les transactions privées, a tenu compte, dans chaque cas particulier, de la santé, de l'âge, des avantages ou des désavantages physiques, des talents acquis ou de l'absence de talents. La Commission a distingué, autant qu'elle l'a pu, les qualités intellectuelles des qualités morales. Les premières, qui se révélaient le plus souvent par des capacités industrielles, sont entrées avec quelques modifications dans les éléments de l'évaluation ; les secondes ont été constamment tenues à l'écart. Il aurait paru contraire aux principes de la justice absolue de faire la condition de l'esclave d'autant plus mauvaise, que sa moralité aurait été meilleure. L'application de cette règle a été le plus souvent désavantageuse au maître, car presque tous les esclaves adultes qui se sont présentés au rachat étaient d'excellents sujets. Dans un cas cependant, la règle a pu être profitable au maître : il s'agissait d'une négresse sur laquelle la police avait fourni la note la plus désavantageuse. La Commission a écarté ce document, et a évalué l'individu sur son physique et ses talents, abstraction faite de sa moralité.

Messieurs, la loi du 18 juillet 1845 a mis un fonds à la disposition du Gouvernement pour concourir au rachat des esclaves. L'administration locale a invité la Commission du rachat à faire connaître les cas où elle jugerait qu'il existe des circonstances propres à motiver l'intervention du trésor public en complément du prix offert par l'esclave. La Commission a usé de cette latitude dans plusieurs circonstances ; l'enfance a surtout attiré sa sollicitude. Elle a recommandé aussi divers sujets signalés pour leurs habitudes d'ordre et d'économie. Dans une seule circonstance, les antécédents du maître et de l'esclave (celui-ci reconnu d'ailleurs bon sujet) ont porté la Commission à engager l'administration à intervenir pour solder la différence entre le prix offert et le prix alloué.

Je devrais ici, Messieurs, vous entretenir des engagements de travail que tout esclave affranchi doit contracter avec une personne de condition libre, et que l'article 5 de la loi du 18 juillet 1845 soumet à l'approbation de la Commission ; mais, comme celle-ci n'a pas d'initiative, et qu'aucun contrat d'engagement ne lui a été soumis, cette partie de ses attributions est restée complétement nulle entre ses mains (1).

Je joins au compte actuel un tableau où les principales circonstances des diverses affaires qui ont été soumises à la Commission se trouvent rappelées sommairement.

____

(1) Depuis le 9 novembre, jour où s'arrête ce compte, l'administration a livré à la commission 22 actes d'engagement.

Tableau récapitulatif des actes de la Commission de rachat,

DU 10 JANVIER AU 11 NOVEMBRE 1846.

Nos d'ordre.	Noms des esclaves.	Hommes.	Femmes.	Total.	Caste.	Commune d'origine.	Prix offert	Prix demandé	Prix alloué.	OBSERVATIONS.
1	André.	1	»	1	Créole.	St-Benoit.	1000	3000	2000	
2	Basilité.	1	»	1	Créole.	St-Benoit.	1000	2500	1800	
3	Ernestine.	»	1	1	Créole.	St-Benoit.	750	2500	1750	Recommandée.
4	Pierre.	1	»	1	Cafre.	St-Benoit.	2500	5000	3500	Le prix offert a été réellement fait par Pierre. Recommandé par le gouvernement.
5	Louis.	1	»	1	Créole.	St-Louis.	»	»	»	Le maitre reconnaissait avoir reçu le prix. Incompétence.
6	Joséphine.	»	1	1	Créole.	St-Paul.	1500	1500	1500	Décision d'expédient.
7	Laure.	»	1	1	Créole.	St-Benoit.	1000	3000	2250	Sujet-race sous les rapports physiques. Recommandé.
8	Elisinne.	»	1	1	Créole.	St-Denis.	2000	6000	4500	Embauchage. Le produit du travail de cette esclave est de 180 fr. par mois.
9	Jean-Marie	1	»	1	Malgache.	St-Denis.	2000	3500	3500	Le prix offert a été fait par l'esclave. Recommandé.
10	Céleste.	»	1	1	Créole.	St-Louis.	850	850	850	Décision d'expédient. Prix fait par l'esclave.
11	L'Éveillé.	1	»	1	Malgache.	St-Benoit.	»	»	»	Décision d'incompétence. Les parties étaient d'accord.
12	Aurélie et 2 de ses fils	2	1	3	Créole.	St-André.	3500	12000	6500	Recommandée.
13	Aurélie et 1 enfant.	»	2	2	Créole.	St-Denis.	»	»	»	Affaire retirée par les parties, qui se sont accordées pour le prix de 3,250 fr.
14	Frontine.	1	»	1	Indien.	Ste-Suzanne	450	750	700	Le prix offert a été fait par l'esclave.
15	Prosper.	1	»	1	Créole.	Ste-Suzanne	2000	3500	3500	Recommandé.
16	Finette et 3 enfants.	2	2	4	Créole.	St-Denis.	1250	4000	3900	Estimation éventuelle quant à deux des enfants.
17	Zéline et 3 enfants.	2	2	4	Créole.	St-Denis.	200	500	500	Décision d'expédient.
18	Louise.	»	1	1	Créole.	Ste-Suzanne	2000	2000	2000	Décision d'expédient.
19	Merveille.	1	»	1	Créole.	St-André.	»	»	»	En suspens par suite du marronnage du sujet.
20	Fasy.	»	1	1	Créole.	St-Benoit.	»	»	»	Affaire retirée par le ministère public. Le sujet avait trois mois
				29			22000	52600	38750	

Deuxième Note.

Sur les inconvénients d'un accueil favorable dans la Chambre des Députés à la Pétition relative à l'abolition de l'esclavage.

Ma première note a pour objet de mettre en évidence l'injustice et l'inexactitude des motifs sur lesquels les pétitions rapportées par M. Paul de Gasparin fondent leurs conclusions en faveur de l'abolition immédiate de l'esclavage dans les colonies françaises.

Dans celle-ci, j'ai pour but de faire ressortir les conséquences funestes que pourrait avoir un vote favorable à ces pétitions, même dans les termes adoptés par le rapport.

Le rapport, en effet, s'il conclut au renvoi des pétitions au ministre, raisonne néanmoins dans le sens de l'ordre du jour.

Les pétitions condamnent la loi du 18 juillet 1845 comme insuffisante, comme inutile, comme complice de l'esclavage lui-même; le rapport veut l'exécution de cette loi : — c'est pour rappeler les ministres à l'exécution de la loi du 18 juillet 1845 qu'on demande à la Chambre de leur renvoyer une pétition contre cette loi.—Le renvoi sérieux de la pétition au ministre serait dangereux; les ministres, la commission, n'en veulent pas; l'ordre du jour paraîtrait brutal aux rédacteurs de la pétition, on veut leur épargner cette affliction. — De part et d'autre on sera satisfait : la pétition , échappant à l'ordre du jour, sera renvoyée au ministre, à condition que la loi du 18 juillet 1845 sera exécutée comme si la pétition n'existait pas.....

Si ce jeu de l'omnipotence parlementaire n'avait d'autre inconvénient que celui d'une contradiction, il n'y aurait point à s'en occuper. L'accord qui se serait fait sur ce terrain peu solide n'en aurait pas moins son prix, et le bon sens peut bien consentir à un sacrifice pour mettre la paix entre la susceptibilité de l'amour-propre et la légitime puissance des convictions ministérielles; mais la conclusion proposée à la chambre porte en elle-même des effets que les conventions de la commission et du ministre ne peuvent pas borner.

Le renvoi de la pétition aux ministres pouvait bien être pour eux un embarras; mais c'est pour les colonies, c'est pour l'exécution de la loi du 18 juillet 1845, c'est pour la préparation des esclaves à la liberté, que ce renvoi était un danger. Par une convention dont la logique gémit, l'embarras du ministère disparaît; mais le danger de la loi préparatoire subsiste.

Certes, quand M. le baron de Bussière et M. l'amiral de Mackau faisaient entendre à la tribune de la Chambre des pairs des paroles si éloquentes, ce n'était pas pour soulager le ministère qu'ils réclamaient l'ordre du jour, mais pour prévenir dans les colonies, par l'exécution tranquille, uniforme de la loi, des espérances et des illusions incompatibles avec les conditions préparatoires de l'émancipation future des esclaves.

Et qu'importe aujourd'hui que le renvoi des pétitions au ministre soit expliqué de manière à affermir le gouvernement dans sa pensée de continuer la préparation, au lieu de l'inviter à l'abandonner comme inutile pour marcher droit à l'émancipation? Le renvoi au ministre en sera-t-il moins, aux yeux des esclaves, une dissidence entre les pouvoirs de l'état? en concevront-ils au moins l'espérance d'une victoire plus complète dans un nouvel et prochain combat parlementaire? en seront-ils moins rappelés aux habitudes inquiètes qu'entretient la promesse d'une prochaine émancipation générale et gratuite? Les colons en seront-ils moins ébranlés dans la confiance que semblait commander la loi? pourront-ils ne pas craindre le retour périodique des assauts abolitionistes? leur sera-t-il permis d'en regarder le succès prématuré comme impossible, et de travailler sans défiance, au prix de tant de peines et de sacrifices, à l'amélioration, au progrès et à la nouvelle organisation qui sont le but de la loi?

Je ne veux pas répéter ici ce qui a été si bien dit à la tribune de la Chambre des pairs, mais j'essaierai d'y ajouter ce que la circonstance réclame, car la question n'est pas tout à fait la même aujourd'hui : les conclusions du rapport de la commission l'ont modifiée, sinon dans son essence, au moins dans son aspect. La question en elle-même est d'une grande simplicité : un système nouveau vient d'être inauguré aux colonies ; on doit refuser de faire accueil à une pétition qui en demande le renversement. — Ce système nouveau exige de la suite et de la persévérance dans le gouvernement, du travail et de la résignation de la part des esclaves, de la confiance, de la soumission et du dévoûment de la part des maîtres ; il ne faut pas décourager tous ces sentiments par la menace d'un retour prochain à l'instabilité des tentatives rudimentaires et des premières études de la réforme coloniale.

Nous n'en sommes pas là. On veut bien concéder aux ministres le fond, mais à condition que les ministres fassent concession de la forme. On ne nie pas la nécessité d'exécuter la loi de 1845 et le danger d'en arrêter les effets, mais on veut que le renvoi de la pétition au ministre soit un nouveau témoignage du caractère transitoire et préparatoire qu'on attache à cette loi ; on veut que, dans la pratique du nouveau régime, l'abolition de l'esclavage ne cesse pas d'être en perspective, comme un but dont on n'est plus séparé que par une période de tolérance accordée au régime transitoire fondé en 1845.

Cette transaction est moins inoffensive qu'elle ne paraît.

Certes, la loi du 18 juillet 1845 ne mériterait pas même les égards que lui accorde le rapport , si elle n'avait d'autre mission que d'ajourner à demain ce qui n'était pas possible hier ; le délai ne sauve pas de l'échéance , et pour que celle-ci arrive sans ruine il faut autre chose que la courte patience du créancier.

L'abolition de l'esclavage s'est présentée depuis bien des années avec des caractères divers : elle a été pour l'Angleterre un acte de haute politique qui est aujourd'hui consommé ; elle est pour quelques philosophes une réparation que l'humanité réclame ; elle est pour la politique française un problème dont la solution, long-temps cherchée , a reçu en 1845 une formule préparatoire.

Logiquement, qu'y a-t-il donc à demander aujourd'hui ? Rien, si ce n'est le rejet de la formule adoptée pour travailler à la recherche d'une formule nouvelle. C'est en effet ce que veulent les pétitionnaires. Mais maintenir la formule adoptée et faire accueil aux pétitions, c'est un non-sens dont le ridicule et le danger ont pu échapper à un premier examen, mais dont, après réflexion, ni la commission, ni la Chambre, ni le gouvernement, ne voudra accepter la responsabilité.

Supposons que la loi du 18 juillet 1845 n'existe pas : les pétitions ont alors un objet.

Quel parti pourrait prendre le gouvernement pour le satisfaire , si ce n'est de proposer aux

Chambres les moyens les plus convenables , selon lui, pour arriver sans peine à l'abolition de l'esclavage ; et que resterait-il à demander si , sur la proposition du gouvernement, et après plusieurs années d'étude, les chambres avaient adopté l'organisation des moyens préparés pour arriver aux fins des pétitions ? Evidemment il ne resterait plus qu'à attendre la réalisation de ces moyens ; car, si les pétitionnaires peuvent ne s'óccuper que du but , ils n'ont pas apparemment la prétention de contraindre le gouvernement à faire, comme eux, abstraction des moyens , et tout ce qu'ils peuvent raisonnablement demander , c'est sans doute qu'aux fins de leurs pétitions, les moyens convenables soient organisés. Or, c'est ce qui a été fait en 1845 , après quinze ans d'hésitation , de travaux continuels et d'agitations plus ou moins périlleuses. Les pétitions aujourd'hui méconnaissent tout cela et se replacent deux ans en arrière de l'époque actuelle.

La loi du 18 juillet 1845 constitue un système avec lequel le vœu des pétitionnaires est incompatible : accueillez ce vœu , le système est désorganisé.

C'est un système préparatoire et par conséquent transitoire, il est vrai, mais dans lequel la préparation est le caractère essentiel, et qui , par conséquent, ne saurait rien admettre de ce qui peut contrarier, retarder cette préparation. Le

caractère transitoire de la loi lui est subordonné;
cette loi n'est pas un décret d'ajournement, elle
est une organisation de moyens.

Sous l'empire d'une telle loi, demander l'abolition de l'esclavage, c'est méconnaître tout à la
fois ce qui est fait et ce qui reste à faire. La Chambre et le gouvernement ne peuvent s'associer à la
transaction illogique proposée par la commission.

La loi du 18 juillet 1845 est elle-même une réponse aux pétitions; elle est la satisfaction du
vœu qu'elles expriment, puisqu'elle a fondé l'organisation, les moyens propres à le réaliser, et
par conséquent elle devrait prévenir le retour
d'une démarche à laquelle elle a fait droit.

L'ordre du jour est donc la seule réponse logique à une pareille aberration; elle est aussi la
seule convenable à la dignité du gouvernement et
des chambres. Elle est la seule propre à assurer
à la nouvelle organisation coloniale la fécondité
qui lui fut promise par ses auteurs, en fruits de
travail et de liberté.

L'ordre du jour ne signifiera point que le régime actuel est définitif, et ne doit plus être modifié; mais il signifiera que ce régime répond aux
vœux légitimes des pétitionnaires, par la constitution des moyens qui seuls peuvent rendre possible l'abolition ultérieure des dernières traces
d'un esclavage singulièrement adouci et modifié.

L'ordre du jour ne signifiera pas que le régime

actuel n'est pas transitoire, mais il signifiera que la production de ses fruits exige le calme et la faveur des influences politiques.

En effet, quelles sont les conditions de succès du système fondé en 1845 ? C'est un changement complet dans les habitudes morales du nègre; il faut qu'il passe de l'indifférence au souci de l'avenir, que la pratique du travail volontaire lui devienne facile et familière, qu'il apprenne à économiser son pécule, et que, l'ayant économisé, il l'emploie à sa libération. Mais ce n'est pas tout, dans ce système la liberté n'est pas donnée comme le prix du passé sans garantie pour l'avenir. L'habitude du travail volontaire contractée, en vue de la liberté, dans l'esclavage, doit être continuée, en vue de l'ordre et du progrès, dans la liberté. Les habitudes du maître ne sont pas soumises à des réformes moins radicales; il avait pour instruments de travail des esclaves soumis à sa volonté; il aura désormais, dans une proportion toujours croissante, des hommes libres sous la loi; au péril de sa fortune, il devra étudier et trouver l'emploi des matériaux qui se détacheront journellement de l'ancien édifice colonial.

Rejeter tout ce qui, dans ce travail d'une éducation nouvelle, tend à troubler les efforts et les progrès des esclaves et des maîtres, imposer silence aux passions qui sèment le découragement et la défiance, ce n'est pas méconnaître le caractère préparatoire du système, c'est le consacrer et en hâter le développement.

La durée de cette période ne peut pas être déterminée d'une manière précise ; mais elle peut être indiquée clairement, et, pour ceux qui ne veulent le progrès que dans l'ordre, cette indication doit suffire.

Il n'y a eu jusqu'à ce jour, contre l'abolition de l'esclavage dans les colonies françaises qu'une seule objection sérieuse, qu'un seul obstacle insurmontable, c'est la cessation du travail après l'émancipation. Parcourez tous les documents émanés des conseils coloniaux, des délégués et des autres défenseurs de nos intérêts maritimes, vous verrez que toutes les oppositions se résument en définitive à ceci : *Constituez, garantissez le travail libre*. Fondée sur l'expérience aussi bien que sur le raisonnement, cette objection est en effet la seule devant laquelle le gouvernement se soit arrêté. C'est donc un pas immense qu'il a fait dans la question de l'affranchissement des nègres de nos colonies, quand il a formulé dans la loi du 18 juillet 1845 les moyens de conserver le travail après l'émancipation, en faisant sortir progressivement la liberté, du travail lui-même. Dans la tâche difficile qu'il a entreprise, ce ne sont pas des pétitions pleines de récriminations et d'impatience qui peuvent hâter le succès de l'œuvre ; au contraire,

elles ne peuvent que le compromettre ou l'éloi-
gner, et tous les abolitionistes éclairés devraient
être les plus empressés de décourager par un vote
sévère ces imprudentes tentatives.

Les pétitionnaires ne comptent pas sur le succès
de la loi préparatoire; l'abolition de l'esclavage n'a
cependant pas d'autre voie honnête et prudente
que la constitution préalable du travail libre. On
ne peut pas garantir le succès d'une entreprise si
difficile, mais les moyens adoptés par le gouvernement sont encore les plus acceptables qui aient
été proposés, et il est permis d'espérer qu'ils ne
tromperont pas les précieuses espérances qui s'y
rattachent.

Quoi qu'il en soit, à cette question : *Quelle sera
la durée de la période préparatoire inaugurée aux
colonies ?* le gouvernement a désormais une réponse toute prête, une réponse qui n'a rien d'arbitraire et qui sort toute faite de l'organisme du
nouveau système colonial.

Lorsque, par l'attrait de la liberté, le nègre aura
contracté d'une manière assez générale l'habitude
du travail volontaire; lorsque la religion aura
triomphé dans son cœur des premiers et plus
grossiers obstacles qu'elle rencontre, lorsque la
pratique vulgarisée du rachat aura prouvé que le
nègre a cessé d'être incapable de prévoyance et
d'économie; lorsque les engagements exigés après

le rachat se réaliseront avec facilité , sans con-
trainte et sans subterfuge; lorsque l'art. 16 de la
loi du 18 juillet 1845 recevra une exécution facile,
c'est-à-dire , en un mot, lorsque l'autorité de la
loi aura remplacé par la consécration du travail ,
d'une manière suffisamment efficace, l'autorité du
maître, alors la période préparatoire aura atteint
son terme.

Qu'on ne perde pas de vue que la mission de la
loi de 1845 n'est pas seulement de détruire d'un
côté, mais aussi et surtout de créer de l'autre ; ce
sont les résultats qu'elle amène qui , en se multi-
pliant et en se perpétuant, doivent constituer les
bases d'un nouvel ordre de choses.

En attendant, ce n'est pas par des pétitions hos-
tiles au principe et à la première application du
nouveau régime colonial qu'on peut favoriser les
résultats sur lesquels reposent tant d'espérances ,
lorsqu'il faut encore travailler à établir dans les
colonies l'intelligence même de la loi qui est des-
tinée à les produire.

L'auteur de la présente note ne peut pas être
suspect de partialité en faveur de cette loi : il en a
assez combattu certaines dispositions , il voudrait
encore en amender plusieurs, s'il en avait le pouvoir; mais il ne saurait méconnaître les garanties
d'ordre et de travail qu'une discussion conscien-
cieuse et approfondie y a maintenues ou ajoutées.

Si toutes les objections des délégués des colonies n'ont pas été accueillies en 1845, les principales (je le dis avec reconnaissance pour la part que j'ai pu avoir dans ce résultat) ont obtenu une satisfaction plus ou moins complète.

Ainsi la constitution légale du pécule devait favoriser le vol et les abus de confiance : la loi a stipulé contre l'esclave la justification de la légitimité de la provenance du pécule.

Le rachat forcé devait ouvrir la porte à un vaste et ruineux système d'embauchage : la loi a consacré l'engagement simultané de 5 années, et l'obligation de faire approuver l'engagement par la commission du rachat.

Le propriétaire pouvait être lésé dans la fixation arbitraire du prix du rachat : la loi a institué une commission qui offre aux parties des garanties d'équité.

Le maître devait redouter les charges extraordinaires qui pouvaient résulter pour lui de la rigueur de ses obligations relativement aux prestations : la loi a consacré la substitution facultative des arrangements amiables à ces obligations.

L'ordre public paraissait menacé par l'accroissement du prolétariat, résultat probable d'un grand nombre de rachats et d'affranchissements ; la loi a jeté, dans son article 16, les bases d'une répression efficace de l'oisiveté dans le dénûment.

Enfin il était permis de s'inquiéter d'un grand nombre de difficultés de détails : la loi a consacré, pour les résoudre, l'intervention des conseils coloniaux.

Certes voilà des garanties; mais n'est-il pas évident que l'exécution de la loi où elles sont formulées est d'une extrême délicatesse, qu'elle offre de grandes difficultés, qu'elle exige d'une part la sécurité et la confiance, d'autre part la prudence, la persévérance, la suite? Ces sentiments n'ont pas encore eu le temps de s'établir aux colonies. L'action du pouvoir même n'y est pas encore, dans certain cas, parfaitement éclairée et régularisée; quelle idée nette la plupart des maîtres et des esclaves ont-ils donc pu se faire de leurs nouveaux rapports! Les pétitions dont on propose le renvoi au ministre sont-elles bien propres à fixer chacun dans l'intelligence, dans la jouissance et dans l'amour de sa nouvelle situation? Toute incertitude, toute inquiétude jetée sur l'avenir de la loi dans les colonies, ne peut qu'ajouter au trouble dont les esprits ne sont pas encore revenus, et détacher les cœurs des devoirs que la loi impose.

L'esprit du rapport, conforme à celui de la Chambre et du gouvernement, a une signification rassurante pour l'avenir colonial; mais laconclusion qui en est une expression fausse, et qui seule conservera l'autorité d'un vote solennel, seule aussi laissera son impression dans les souvenirs que l'on exploitera plus tard. L'ordre du jour, traduisant avec fidélité les sentiments et les volontés de la Chambre et du gouvernement, confirmera les dispositions naissantes qu'il importe de développer aux colonies, et préviendra un découragement fécond en mauvais résultats, et d'autant plus regrettable qu'il serait fondé sur une erreur.

DEJEAN DE LA BATIE.

Paris. — Imprimerie de Guiraudet et Jouaust, rue Saint-Honoré, 315.